Filosofia para crianças

De criança para crianças

Era uma vez!

Não devemos negar nada!

História para colorir!

Por: Bernardo Octaviano Pereira

Este livro pertence a:

____

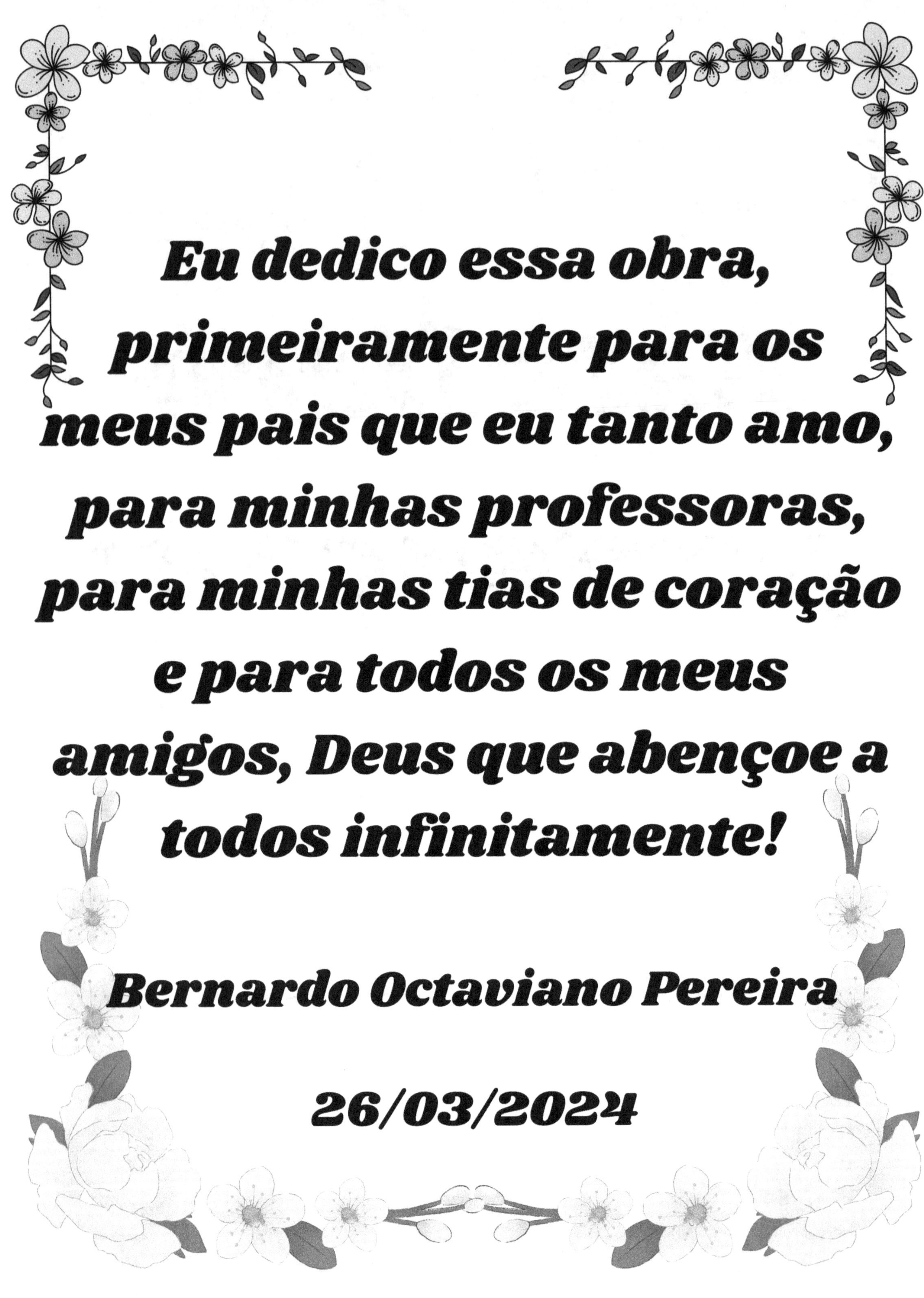

Eu dedico essa obra, primeiramente para os meus pais que eu tanto amo, para minhas professoras, para minhas tias de coração e para todos os meus amigos, Deus que abençoe a todos infinitamente!

Bernardo Octaviano Pereira

26/03/2024

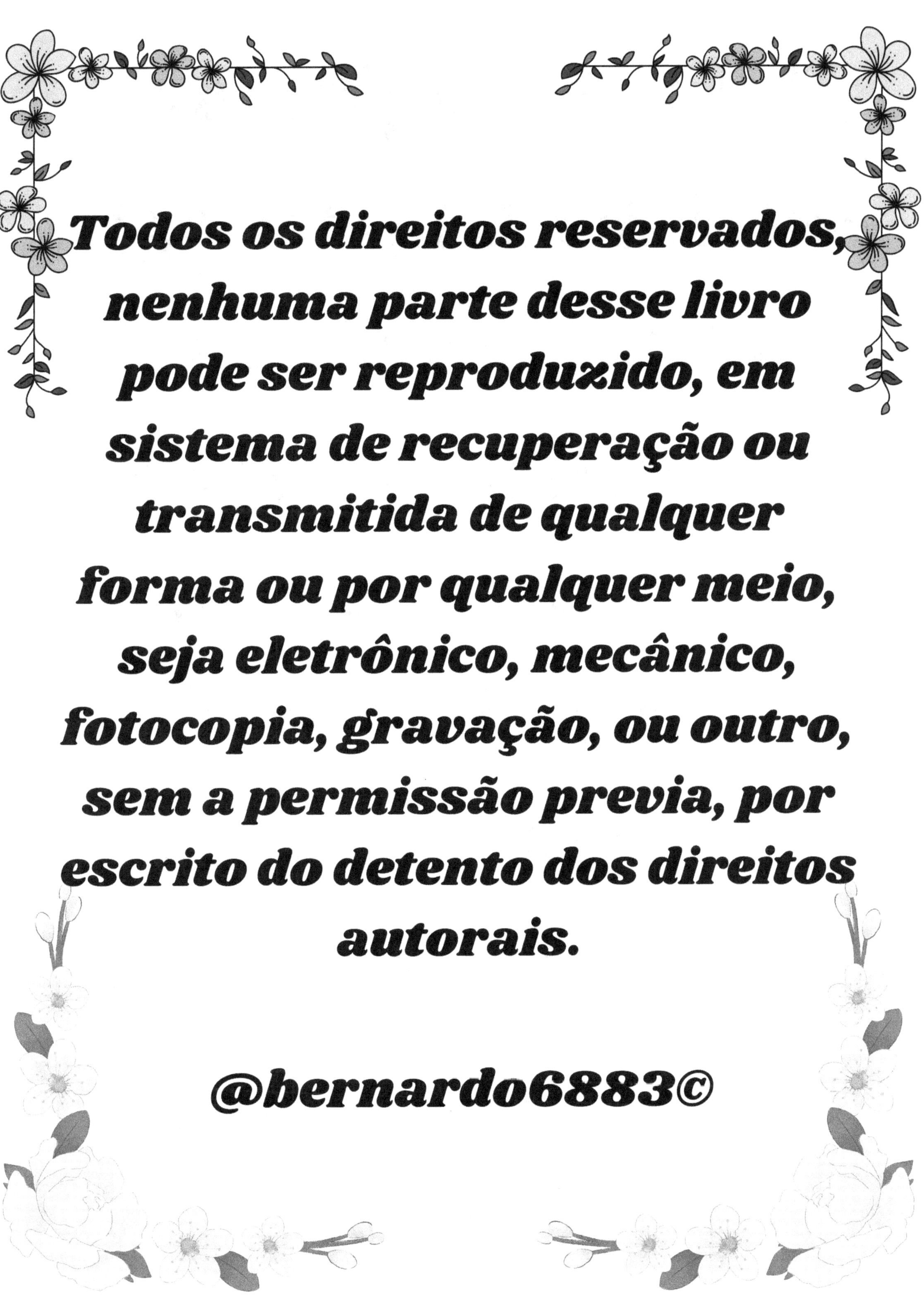

Em um lugar não muito longe daqui uma senhora viajante, longe de sua casa e com sede, bateu à porta de uma casa em busca de um simples copo d'água

No entanto, o dono da casa, conhecido por sua mesquinhez, recusou-se a oferecer qualquer ajuda, alegando que seu poço estava seco.

A mulher, surpresa com a negação, insistiu que negar água para alguém era uma ação impiedosa e que o papai do céu estava vendo ele negar a agua.

No entanto, suas palavras caíram em ouvidos surdos, e ela partiu com sede, sentindo o peso da indiferença do homem.

Na manhã seguinte, quando o homem se dirigiu ao poço para obter água, ficou chocado ao descobrir que o poço estava completamente seco, privando-o de sua fonte de vida mais preciosa.

Ele percebeu, tarde demais, que sua mesquinhez havia se voltado contra ele, deixando-o sedento e desamparado.

Essa experiência amarga ensinou ao homem uma lição valiosa: não devemos negar aos outros o que temos de mais precioso,

pois podemos acabar necessitando da mesma ajuda no futuro. A falta de generosidade e compaixão pode nos deixar vazios,

privando-nos da bondade e da solidariedade que tanto necessitamos em momentos de necessidade.

Assim, ele aprendeu a importância de estender a mão para os outros, compartilhando o que temos de melhor e cultivando um espírito de generosidade e empatia.

Pois, no final das contas, é através da bondade e da compaixão que encontramos verdadeira abundância e gratificação em nossas vidas.

Fim!